반딧불이 암자에 머물다

이애순 그림시집

시와
사람

반딧불이 암자에 머물다

2024년 11월 10일 인쇄
2024년 11월 16일 발행

지은이 이애순

펴낸이 강경호 편집장 강나루 디자인 정찬애
펴낸곳 도서출판 시와사람
등록 1994년 6월 10일 제 05-01-0155호
주소 광주시 동구 양림로119번길 21-1(학동)
전화 (062)224-5319   E-mail jcapoet@hanmail.net

ISBN 978-89-5665-747-9 03810

값 15,000원

＊잘못된 책은 구입하신 서점에서 바꾸어 드립니다.
＊지은이와의 협의로 인지를 붙이지 않습니다.

공급처 ■ 한국출판협동조합
경기도 파주시 탄현면 오금로 30
주문전화 (02)716- 5616, 070- 7119- 1740

ⓒ 이애순, 2024
이 책의 저작권은 저자에게 있습니다.
저작권에 의해 보호를 받는 저작물이므로
저자의 허락 없이 무단 전재와 복제를 금합니다.

반딧불이 암자에 머물다

시인의 말

한 해를 마무리하는 12월,
꿈 많던 학창 시절로 돌아가본다.
맑은 영혼의 그 시절이 나에게도 있었다.
석양이 물들어 갈 무렵,
꿈 하나 품고 그루터기에 앉아 시를 쓰는 삶을 그려 보았다.
그후 수많은 시간이 또 흘렀다.

40년 가까이 환희의 신앙 생활에 젖어 있던 즈음
누군가의 뼈아픈 한마디가 내게 다가왔다.
그렇게 문학의 길로 주님께서 인도하셨다.
문학과 함께한 2년은 나에게 축복이 되어
잠들어 있던 나의 감성을 두드렸다.
시어는 내 마음 안에 고요히 머물기 시작했다.
시는 자연과 하나되는 겸손의 공간으로
나에게 흥얼대는 노래이며
나를 지긋이 바라보는 연인이다.

나이를 뛰어넘는 열정과 익살스런 제스처에
실력을 겸비한 박덕은 교수님께 감사드린다.
문학 안에서 배움으로 사랑받기를 주저하지 않는 제자들,
시심으로 하나되는 수업 시간은 때묻지 않은 유치원 같다.
나는 한실문예창작 회원으로 지금 행복하다.

"엄마 등단했다", "엄마 시인이네", "축하해"
 이렇게 시집이 나올 때까지 응원해 준 듬직한 아들 영재가
고맙다.
 시인의 길로 안내해 준 화가이며 시인인 손영란 이모에게
한없는 고마움을 전한다.

2024년 시월에, 저자 이애순

축시

이애순

박덕은

통통통
우연들을 줄 세우는
낭만의 숨결들이 모여
새콤달콤 입안 가득 익어가는
순수를 빚어 놓았다

입에 붙은 말에서
동심의 근육이 생겨
날개 돋칠 때까지
가슴은 마냥 놀이터였다

성숙의 향기가
내일의 말투와 눈빛 수정하며
휘몰려 와 노래 부를 때
여유로운 삶의 쉼표 증명하듯
따라나선 장난끼들

달달한 입담으로 저녁을 이어 붙이며
어우러져 놀기 좋아해
담소의 오솔길 거닐다
생활의 우산 쓰게 되었다

앞뒤 가릴 것 없이
몰입한 일상
하루의 혀끝이 발랄해지는
명랑으로 달콤하게 지내다

어느 날 솔바람처럼 만난
시심의 노래
서둘러 피는 시의 말씀에 취해
잠시 고요를 맛보았다

깨어 일어나
하나의 파격으로 치닫기 위해
따스한 온기와 꽃의 생각으로
함께 걷는 문학의 길
신바람으로 덧칠하다

낮과 밤과 익숙함의 경계 걷다가
사색의 공간 속으로

들어와 맛본
미의 세계에 놀라

반짝이는 생生의 문장 찰랑거리는
깨달음과 성숙의 강에
잠시 몸 담그며
물장구치다가

햇살이 금빛 몸을 터는
푸르른 감동의 두레박
천상으로 올라갈 때
행복하게 동행하며

시의 궁전에 입성하기 위해
날마다 나열되는 표정과
마음과 영혼을
향그럽게 덖고 또 덖고 있다.

반딧불이 암자에 머물다 / 차례

시인의 말 _ 5
축시 / 박덕은 _ 6

제1부

그리움은 또 오고 _ 18
고백 _ 20
마음이 좀 그래 _ 22
너를 떠나보내며 _ 24
잊어버릴 수 있을까 _ 26
비 그리고 나 _ 28
돌아오지 않는 지금 _ 30
골고타, 보랏빛에 스며들다 _ 32
물망초 되어 _ 34
사랑비 _ 36
그리움 _ 38
고뇌 _ 40
회개의 울음 _ 42
저 눈밭에 핀 사랑꽃 _ 44
마타리꽃 _ 46
저 세상 너머 _ 48

봄의 숨소리 기다림 되어 _ 50
영원한 첫째를 꿈꾸며 _ 52
삶이 그러하듯이 _ 54

제2부

기다리며 _ 58
마음속 하얀 장미 _ 60
12월 춤사위 _ 62
여인이여 _ 64
사랑이 차오른다 _ 66
사랑 _ 68
가을 어귀에서 _ 70
보랏빛 연가 _ 72
아쉬움 _ 74
우정의 시간 _ 76
가을에 피는 이슬꽃 _ 78
외손녀 은율이 _ 80
이별 _ 82
그 어떤 인연 되어 마지막 춤을 _ 84

풀꽃 _ 86
가을 여인 _ 88
연민·1 _ 90
연민·2 _ 92
기도 _ 94
이별 후 _ 96

제3부

젖어들어 _ 100
소슬바람 _ 102
인생 _ 104
가을에 물든 기다림 _ 106
해바라기 _ 108
붉은 저 달 _ 110
누구인가 _ 112
이슬꽃 _ 114
구월의 환희 _ 116
가을에 만난 사랑 _ 118
관심 _ 120

장맛비 _ 122
노을 물든 독백 _ 124
금붕어 동무 되어 _ 126
무지개 마음 물들이고 _ 128
애호박 _ 130
보랏빛 사랑 _ 132
소녀처럼 _ 134

제4부

새들의 잔치 _ 138
언제쯤일까 _ 140
치유 _ 142
소환 _ 144
내 마음 _ 146
하루살이 _ 148
고백 _ 150
순응하며 _ 152
님의 소리 _ 154
봄의 향연 _ 156

회개하는 바람 앞에 서다 _ 158
여정 _ 160
반딧불이 암자에 머물다 _ 162
사계 _ 164
설경 속에 흐르는 우정 _ 166
어느 하루 _ 168
회상 _ 170
낙엽 _ 172
상념 속에서 _ 174
인연 _ 176

평설/ 박덕은 _ 180

반딧불이 암자에 머물다

제1부

울음이 제 몸을 내던지며
한 겹 한 겹 쌓여지는
연민
저 붉은 노을 속에서
파닥거리고 있다

그리움은 또 오고

궁핍한 마음의 대물림은 날마다 계속되기에
지친 영혼이 쉬어 가는 이곳
흩뿌려진 햇빛 찬란한데
사연 품은 저 자갈들 어루만지는
개울 소리
옛 그대로이다

가을볕을 꼬들꼬들 말리는 소슬바람
이파리에 낮잠 즐기다
흔적 없이
이 마음 거슬러
들락날락 넘나들며
읊조리는 음절
우울함인가
보고픔인가

울음이 제 몸을 내던지며
한 겹 한 겹 쌓여지는
연민
저 붉은 노을 속에서
파닥거리고 있다.

고백

읊조리는 가랑비
가슴에 파고들어
그리움 쏟아내린다

해 질 녘을 입은 서녘의 틈에서
빼꼼히 내민 노을 속
두근거림이 내린다

해맑은 한마디
입술에 안겨
눈물 서린 미소로 머무른다

간절한 필체가 켜켜이 쌓인
연보라 엽서에
반짝거린 작은 별빛
머릿속 후비는 뭉클함
내려놓는다.

마음이 좀 그래

언제나 그렇듯
하루가 다정스레 손잡고 길 떠나는
밤 나그네 배웅한다

자정과 적막의 체온이 내려가는
초여름 찬 기운이
스멀스멀 마음속
수다떤다

바라보는 눈빛이 애잔하다
꽉 찬 생각들 어찌할 바 몰라
시시때때로 쏘아댄다

우울과 눈물의 비망록 속에서도
지긋이 내리감고 침묵하는 이
조그만 상처
부풀리며 떠벌리는 이
지난날의 잘못
곱씹는 이
모두 이런저런 내면 속
불안 안고 살아간다.

너를 떠나보내며

별빛과 기다림 건너는 불면의 밤
그 파르르 떨리는
순간이 사라지고 있다

위태롭게 길들여진 이별의 안쪽에서
닿을 듯 닿지 않은
그 너머로
달빛 서리는 미묘함 속
계절은 또다시
시공간을 초월하며
영혼의 언어로
누군가를 바라본다
달무리 스쳐가는
쓸쓸한 바람
옷깃 여미며
이곳에 머문다.

잊어버릴 수 있을까

적막이 서둘러 발을 들여놓는
고즈넉한 밤
봄바람이 어둠 뚫고
햇귀 맞이한다

잠시 기억 속 생각들
빛살 사이로
들쑥 날쑥 헤집으며
떠나려 한다

상실을 버티며
꼬깃꼬깃 구겨놓은 아픔의 틈에서
짓눌리던 감성도
아파 슬프게 울며
마음까지 찢어놓고
비틀거리며 따라나선다

그때 기다렸다는 듯
손짓하는 이별도
추억에 묻힌 밀어도
한켠에 고이 정 접어 둔 채
따라나선다.

비 그리고 나

살짝이 밖으로 나와
고즈넉한 모퉁이길
때늦은 저녁의 얼굴로
홀로 서 있다
가랑비가 마중을 한다

가로등 불빛
물방울 맺힌 거미줄 사이
연분홍 꽃잎들

이슬 머금은 마음
위로의 시간에
어쩌면 우린
한 송이 작은 안개꽃일지 몰라

빗소리와 어둠으로 묵상 중인 골목을
걸어가는 발자욱에
빗물이 소롯이 안긴다.

돌아오지 않는 지금

비 개인 오후
빼꼼히 내민 구름 사이로
내비쳐진 환하고 흰 허공의 속살
그 농익은 봄햇살 한 자락
볼살에 내려앉는다

하품 긴 여운 남기고
껌벅이며 졸리는 눈빛
떠나간다

시간의 흐름 속에
자리잡은 마음
보고픔에 목마르고

그리움을 흔들거나 낚아채지도 못하고
휘돌며 스쳐지나는 바람
한 발 한 발 내디디는 찰나에도
발자국 흔적 없이 사라진다

그 아무도 모르게.

골고타, 보랏빛에 스며들다

연두의 입과 귀를 들뜨게 하는
봄비 속 시린 바람
이맘때쯤이면
회개의 씨앗 하나가
고난 바라본다
생각으로 회오리치는
소란의 바람
내면 타고 차오르는 눈물
말 한마디 한마디
가슴 파고들어
후비는 모욕 찢어진다
진보라에 감춰진 가면
어디에서 헤매는가
돌아오라 시련의 언덕길 사랑
연보랏길 넘어
연민 향한 뜨거운 숨결 보듬고
한 걸음의 감정과 한 걸음의 의지로
그 길 걸어간다.

물망초 되어

심장으로 읽은 지난봄의 간절함
그 어디메서 찾아와
살랑대는
바람꽃인가

어디메서 살며시 날아와
시린 사랑 건드리며
가슴에 안기는
울음꽃인가

무너져 내리다
초침에 기댄 채
망부석 되려나

꽃의 안색까지 환해지는
추억의 목소리
어디메서 들려와
그리움
바람에 안기는가.

사랑비

그때부터일까
봄바람 실어와
차가움으로 침묵한다

출렁출렁 호들갑 떠는 봄날의
낯선 기운이
동동 발 구르는 마음속
저녁놀 감기는
4월의 끝자락

움츠리는 가슴
빼곡하게 피어나는
저 무표정

이 모든 것
하늘의 사랑이
덮는 시간

뒤뜰 너머
오솔길 나뭇잎
서정적인 이야기와 은유로
두드리는 빗소리에
초록 신호등 켜진다.

그리움

늦가을이 뒷짐지고
어슬렁어슬렁 빠져나가는
십일월 해 질 무렵
찬비가 바람 타고
가슴에 파고든다

계절의 무심함이
한 획 긋는 하루
햇살이 따스하다

여름과 초록의 수다가 지워져
빛바랜 떡갈나무
시간에 의지한 채
구절초 바라보는
눈빛이 아련하다

빗방울 듣는 소리에
숨소리 내보내며
어둠이 짙어 간다.

고뇌

풀숲에 숨어 봄의 비탈 짊어진
제비꽃 다소곳이 펼쳐진
소용돌이 감정의 생각들

도도한 향기로 오월을 흔드는
장미의 화려함에 숨겨진
뾰족한 가시

마음속 울음으로 솟아나와
눈물 되어 골 패인다.

회개의 울음

망설이는 저녁이 쏟아낸 속엣말에
스르르 감기는 두 눈
사각사각 들리는
손톱 깨무는 소리 너머

연민이 잠들고
배려가 사라져 버린 그곳

우울이 안겨준 슬픔 아래
감사 잃어 버린 입술

뿌연 안개 속 세상
뒤엉켜 버린 엇박자 마음

상처와 눈물 만지작거리는
생각 사이로
빗방울 끼어든다.

저 눈밭에 핀 사랑꽃

눈보라와 추위로 호의호식한다는
시린 바람 끝에
곱슬머리 건드리고
눈송이 불러와
뒤뜰 동백꽃잎에 입맞춤한다

하얗게 쏟아지는 항아리 뚜껑 위
손가락 사이 사이로
앙증맞게 피어나는 꽃잎들

따스한 손길에 녹아들어
손톱만 한 얼음꽃
아삭거리며 별천지 자아낸다

흰빛의 화풍으로 재구성하는
침묵 서린 설경 속
숨어드는 순수

설렘의 가슴에 뛰어놀아
담아둔 그리움 꺼내 들고
소르르 안기는 그 자리에
일몰이 내린다.

마타리꽃

착한 가을을 허리춤에 매달고
저만치서
갸우뚱거리며 걸어온다
나도 가고 너도 오고
휘파람 불며 봉황대 오른다
시간은
기다랗게 그림자 드리우고
두 손 꼭 잡고 걸어온다
어느새 보름달 꽉 차올라
터질 듯 부푼 가슴들
꽃망울 속으로 스며든다
그리움의 힘으로 꽃빛 빚어
촉촉한 눈가에는
적막이 떠나가고
연둣빛 새싹의
눈웃음이 기다리고 있다.

저 세상 너머

무거운 자정과 불면 사이로
보랏빛 겨울밤 찾아들어
살짝 꺼낸
한 움큼 추억
고즈넉한 별밤
신비 속 달빛 타고 흐르듯
초승달 눈웃음
황홀한 생각 안에 가둔다
한 생의 그리움을 끌고 가는
초침의 째각 소리
달콤한 밀어 속
마음 훔쳐 쏟아지는
한바탕 너털웃음 사이로
바람 스쳐가는 미로의
행복한 감성의 세계.

봄의 숨소리 기다림 되어

수많은 감정의 음표가 드나들던
희로애락 한 시절
머물던 계절 끝자락에서

저 묵은 솔잎들처럼
다소곳이

그냥 그렇게
겨울을 걸었지

걸음걸이 재촉하는
숨은 비바람 속으로

하늘 물들이는 먹구름 속으로
너털웃음 날리며

쓸쓸한 허공의 무늬 들어있는
빗방울 길쭉하게
볼 위 적시며
그냥 그렇게 겨울을 걸었지.

영원한 첫째를 꿈꾸며

경계 무너뜨리며 흐릿하게 번지는
빛과 어둠 사이에서
실랑이한다

나태가
거미줄 친친 매어놓아
울컥거리는 생각뿐

가슴앓이가
숨 가쁠 때

어디선가 손 내밀며
마음 울리는
사랑의 속삭임

발목을 낚아채는 저항과 주저
그 모든 걸 버릴 수 있는
용기로
바라보는 시선

꼴찌는
한 발 한 발
너에게로 향한다.

삶이 그러하듯이

계절이 들어서는
서정적인 각도의 모퉁이 돌아
가을빛 뚝 떨어진다

하늘 침묵 여는 세상
걸음 멈춰 서서
상념의 고갤 떨군다

나뭇가지 틈새 메아리
살포시
눈망울에 비춰 온다

골목마다 해 질 녘이 머리에 인
눈부신 노을 너머
살랑 살랑 잎사귀

누군가의 아픔을
위로하듯
가슴에 안긴다.

제2부

맨발로 배회하는 미련 많은
마음 붙들어 잠재울까
울음으로 파고들어
눈물꽃 피울까

기다리며

입김의 시간이 다정하고 따스한
12월이 떠나간다
위로의 바람 지금 어디에

해조차 숨어 버린 시간 너머
비구름 스며드는 가슴에
그리움 솟구친다

님 오지 않고
무심한 겨울비 속으로
안타까움만 일렁일렁

구슬픈 노랫가락 되어
연신 토해내는
마음 빈 곳

적막에 꿰인 겨울을 방목하는
외로운 바람
눈구름 건드리며
길 떠난다.

마음속 하얀 장미

따스함 깃든 12월 어느 날
수다와 소문을 내려놓기 위해
나뭇잎 떨어진
나뭇가지 사이로 바람 한 점 없는
구름 속에서 겨울비 깨운다

마음에서
나태가 나무늘보처럼
붙들고 늘어진다

교만은 영혼에 뿌리내린 채
분노가 정신 불살라
울음 속 슬픔이
한바탕 휩쓸고 간 자리
환희가 움터 오른다

상처와 상처로 걸어온 당신 향한
연민의 눈빛과
님의 사랑 안에서
일상이 늘 기도하는 사람이고 싶다.

12월 춤사위

잎의 무게를 빼 체중이 가벼워져
우뚝 늘어선 은행나무
동그란 길섶에 안긴
손바닥 정원

강아지풀꽃
다소곳이
꼬리 곤추세운다

시린 바람에
쓸쓸히 춤추는
은행잎 노랑나비 되어
펼치는 황금빛 향연

오르락 내리락
포물선 그리며
사뿐히 풀섶에 안기는
추억

바닥의 체온 올려 주기 위해
길 위에 겹겹 구르며
쌓여 간다
시간이 흐르고
바람 타는 겨울밤 익어 간다.

여인이여

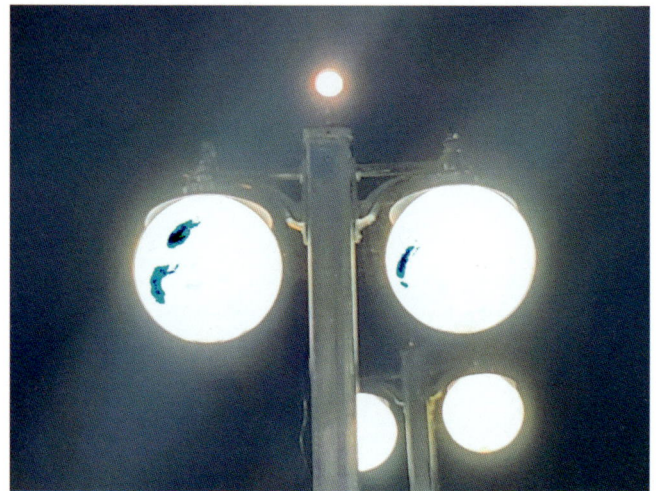

시야에 흐르는
장난꾸러기 속삭임
꽃 진 자리의 기억이 익어 간다는
가을 두고
여행 채비 서두른다

간절함이
심연에 뜨는 방황의 마음
콕 찌른다

가슴에 물든 피멍울
애틋한 기다림에 생채기
쓴 옷 입히고
밤은 시리게
그렇게 내려앉는다

상처의 가장자리만 지운
추억 속에 지우개
요만큼의 마음
이것이 다는 아니다.

사랑이 차오른다

어스름 잠시 머문
그 자리
별빛을 밀고 가는 새벽의 목소리로
푸른빛 걷어올리는 여명
언덕배기 고갯길 비춰 오듯
숨어들어 오는
들숨
배려가 사라진 그늘 속
어둠 감추인 감정의 소용돌이
흠집의 상처들 쓸어 보내는
날숨
빈 마음에 바람 스치어
또 하나의 계절 맞이한다
음과 양의 환한 첫자리처럼
들숨과 날숨이 어우러지는
한마당 뜰채
가슴 바닥이 함께 리듬을 탄다.

사랑

하늘 밑에
숨 쉬는 모든 것들아
관심과 배려와 희망의 집인
가슴속 머물기도 전에
떠나려 한다

태양 속
바람 한 점 없는데
새털구름 뉘 찾아
채비 서두르나

애수에 잠긴 눈망울
바라보는 시선
잠시 방황하다

바람 따라 사라질까
햇살 속에 숨어들까
여름비에 씻겨질까

맨발로 배회하는 미련 많은
마음 붙들어 잠재울까
울음으로 파고들어
눈물꽃 피울까.

가을 어귀에서

시야에 들어오는
침묵의 공간 뚫고
허공의 서사도 아름답다는
연분홍 구름에 살짝 숨어
초승달 눈썹 닮은 추억

소슬바람 이리 갈까 저리 갈까
순리에 순응하며
하루의 여정 접은 해넘이 너머

밤마다 어둠의 체중을 잰다는
어스름 달빛에 흠뻑 머금은
숭숭 뚫린 오색빛 세월의 흔적들
이별하는 또 하나의 시간 속에
내가 숨 쉬고 있다.

보랏빛 연가

오롯이 품은 마음
절반의 호기심과 절반의 의혹 같은
물음표 하나
슬며시 꺼내 들고
밖으로 나와

하늘 여행 즐기는
무지갯빛 구름에게
눈길 보낸다

저만치서 달려오는
회오리 바람에
훌훌 벗어 날리는
내면의 세계

상처의 안쪽에서 뜨겁게 흐르는
진보라색 회환의 눈물
그 자유로움에 스며들다
늦가을 저녁놀 상념에
잠긴다.

아쉬움

동공에 박힌 맹목의 그리움
붉은빛으로 피어올라
구름에 실려가니

고운 잠 깨운 이 마음
하얀 달에 숨는다

은행잎 틈으로
계절의 끝자락에 안긴
고목나무

캄캄한 어스름의 옷을 입고
그대 떠난 뒤
겨울 오는 소리에
달빛조차 쓸쓸하다.

우정의 시간

그 사람
동전 닮은 갈색 눈동자
거울 되어 비춰 온다

소곤소곤 말 걸어와
주고받는 말맛의 당도가 올라가며
다정다감의 마음 고랑에
희로애락의 햇살 심는다

돌아서면 돌아오는 바람이련만
볼 타던 눈물 남겨진 채
저만치서 바라만 본다

아삭아삭한 안부 군침 돌게 건네며
환희의 눈웃음 속 이슬
담겨진 입술가에
밀어가 꿈틀댄다.

가을에 피는 이슬꽃

여름 떠나는 빈자리
마을 움켜쥔 매미의 울음 사라지자
숨 고르는 풀꽃
길섶에 앉아 새벽
기다린다

하룻밤 사이
아기자기 피어오른 이슬
풀꽃과 연인 된다

아침햇살
비처럼 내리쬐니
풀잎에 맺힌 이슬방울들
안개 따라 사라져 간다

닿을 수 없는 생과 사의 경계처럼
길섶에 선 이 짧은 만남
외롭고 쓸쓸한 그리움
가슴에 차오른다.

외손녀 은율이

꼼지락꼼지락 햇살 뭉쳐 올려놓는
두 개의 손가락 사이사이
엉덩이에 승리의 꽃 수놓는다

무지개 피어오른 두 살배기
뒷짐지는 손바닥 경이롭다

빼꼼히 뒤꿈치 들며
한 발 한 발 내디디는 새끼발가락
용기 기특하다

삐죽삐죽 솟구친 까망 머리카락
세어 보는 구월의 바람
하늘로 솟아 치켜 세운 머릿결
리듬 타며 메아리 되어
장난기 걸어 올린다

힘 솟는
저 희망찬 한 발 한 발
불안한 세상의 종종걸음 떠받치기 위해
위대함으로 우뚝 선다.

이별

아득한 공중의 말씀 전달한다는
하늘빛이 사랑스럽다
노을 속 구름 벗삼는 또 다른 생각이
홍시 되어 간다

울렁거린 가슴에
까만 밤 찾아들어
별빛 달빛 세상

삼백육십오 일 쉼 없이
동그라미 한 바퀴

지금 여기에 날 보듬으며
아픔과 상처와 그날이 맞물린
나이테 한 줄 인연 맺고
없는 듯이 떠나간다.

그 어떤 인연 되어 마지막 춤을

줄기의 안간힘과 가지의 상처 안고
쓸쓸함 부스스
깨우는 낙엽 소리

나뭇가지 대롱대롱
매달린 단풍들의 숨 고르기

하나 둘 비워 내리는
영혼 바라본다

천연빛에 물든 아름다움
가을비 울음 터트린다

벌레 키운 잎사귀
송송 뚫린 톱니바퀴
동그란 그 빈 속

밤새 툭툭 던져지는
외침 방울
달빛 익어가는 허공의 비탈길에서
낙하하는 저 시간 속
마지막 춤 애달프다.

풀꽃

황금빛 햇발 아래
새와 바람의 언어로 흔들거린다는
허수아비 건너뛰며
거들먹거리는 바람결에
흔들흔들 춤추는 초록 잎새들
꽃들의 향연에 나풀나풀

향기에 취한
빨강 코끝

한몫하는 꿀벌의 멋진 포즈
볼 빨간 행운에게
키스한다

앙증맞은 눈웃음
보랏빛 제비꽃 행복 꿈꾸며
입술을 허락할 수 있는 긴 기다림
그림자 드리운다
가을을 수평의 날개에 싣고
휘리릭 휘리릭 뱅뱅거리던
고추잠자리
침묵 안고 길 떠난다
달밤이 웃는다.

가을 여인

솟구쳐 흩뿌려지는 물보라에
가슴 설렌다
한낮의 날개를 접었다 펴며
꽃에 사뿐히 앉은 나비
날 기억하오
함박웃음 짓는다
단발머리 하늘
마음 깨우는 바람 달아난다
애타게 돌아오겠다는 설렘도 없이
나그네길 뒹구는 낙엽에
걸음 멈춘다
음악이 흐른다
감겨진 눈망울
흐르는 눈물에 안겨 잠든다.

연민·1

청춘과 긍정의 화법으로
다소곳한 자리 마련하여
환희의 꽃으로 단장한
이 한결같은 심장

콕콕 찔러대는 한마디 말
인생이란 너
생애 처음인지라

충격의 바람이
변덕 부리며
아픔으로 찾아들어 와

울먹이는
슬픔의 신음
더 시리게 한다

쓸어내리는 시간
얼마나
더 기다려야 하나

해 질 녘은 동정심으로 눈시울 붉어져
가슴 부여잡고
떠나는 길목에
가을색 미련 버리지 못한다.

연민·2

님 닮은 심정
어느 골짜기서 잠들었을까

허공의 헐렁한 얼룩 같은
구름 속 봄비가
깨우며 간다

님 찾는 애끓은 숨소리 보듬고
눈 안 가득 글썽인다
촛불 되어 부르는 사랑아
한결같은 그 마음아

꼬리 긴 물의 생각들이
빗속 스치며 울어댄다
부디 돌아오라
부디.

기도

양지의 아랫목에서 나온
아침 햇살이 소곤소곤
얼굴 내밀어
열 손가락 모은다
깍쟁이 바람 한 자락
깊숙이 내면에 들어온다
까칠한 그늘을 부려놓은 응달처럼
부서진 마음에
진보랏빛 눈물방울
줄기 타고 하늘로 올라간다.

이별 후

반짝임으로 출렁인 전성기처럼
열정 품어내는
햇살 아래
손톱 닮은 자갈들

웃음소리 이어지는
울퉁불퉁 길
거기 길섶 제비꽃

펼쳐지는 보랏빛
그 사이로
숨바꼭질하는 추억

헤집고 헤집다
떠나간 곳
쪽빛 하늘 물들고

상실로 불면의 계절 떠도는
흰구름 서로 안기며
위로하는 눈물
자꾸 씻겨 내린다.

제3부

지금은 요만큼
내일은 알 수 없지
만삭의 달 유전자 물려받아
퉁실퉁실 부풀어오른 널
어찌할까

젖어들어

당신과 함께한 언어를 모두 잃은
그 찰나에 흐르는 생각 너머
마음 사이로
이렇듯 방울방울 가슴에 맺혀
지금 울음 깃들지라도

고개 들어
광활한 하늘 붓칠하는
저 무리 짓는 깃털 구름에 희석되어 가고

해 질 녘의 붉은 비망록 안고
환호의 미소 닮은 일몰이
거북이 걸음으로
머릿속에 스며들어 오고

전해 오는 소리에
다물지 못해 짓눌린 입술
웃음꽃 뿌린다

가슴에 품은 비움
만남 안으로 녹아든다.

소슬바람

찢기고 헤진 자투리바람을 뭉쳐
저만치서
낯 내미는 바람
외로움인가
쓸쓸함인가

초가을
연보랏빛 구름
간지럽히는 바람
눈웃음 사알짝 엿보인다

우연인가
필연인가
얼굴 만지는
또 하나의 바람

눈안에 들어와
속눈썹 놀리는 바람
토끼 닮은 눈
스르르 감겨준다

바람은 매끈하고 말랑한 체질이기에
꾸욱 눌러 본다
손가락으로
나 몰래.

인생

따스한 취향으로 흘러다니는
살랑살랑 바람 한 자락
울음방울 감싸안으면

미동도 사라진 침묵이
하루를 연다

자유 외치는 영혼들의 나들이
보이지 않는 바람 속
널브러진 구름 속으로
아스라이 사라지면

물끄러미 바라보는 가슴 안에
연극이 시작된다

송알송알 피어오른 환희의 웃음
시들어 가는 몸에 서린
아픈 마음 밀려오면

후회를 머리끝까지 덮어쓴 바닥에
내려앉아
슬피 우는 너는
무지개 닮은 눈물꽃
또 하나의 밤이 짙어 간다.

가을에 물든 기다림

잎과 꽃으로 공중의 방 들이기 위해
세월의 흔적 남긴
나뭇등걸 사이로 뻗어 내리는
울퉁불퉁한 길

허공 가르며 떠나다 멈춘
가을과 잘 어울리는
소슬바람

틈새 파고드는
초록빛 감도는 나뭇잎
발등에 안긴다

미동 없는 뒤켠 땅위에서
마른 갈잎 되어 갈까

가지의 신념과 의지 지키지 못한
아쉬움
텅 빈 가슴에 숨기며
짙게 드리운 안개 속으로
한 걸음 한 걸음 뗀다.

해바라기

기다림에 묶여 그리움의 집 짓는
그대는 해바라기
튕기던 기타마저 방 한 켠에
다소곳이 앉아 있다

텅 빈 머릿속
아무것도 하지 못한다
그냥 그렇듯
시간들 쪼개며
덩그마니 있다
해넘이 가고
노을마저 흐트러져 잠들 때
환한 보고픔의 저장고 같은
밤하늘에
그려진 얼굴
무섭도록 보고 싶다.

붉은 저 달

하루치의 태양을 싱싱하게 소모한
해거름
집 가는 길 따라
하늘 점령하는 저 주홍빛
누굴 기다리나

온 마음 삼켜 버린 달 앞에
망부석 되어 버린
그 붉은 미소
여름바람에 실려
퍼져나간다

사랑하는 이
그대 이름
붉은 하현달

시간의 흐름 속
그리움 되어 하얀 달 높이 솟아오르고
몸에서 환한 보고픔 잉태하는
뚜벅뚜벅 발걸음
집으로 향한다.

누구인가

맑은 하늘에 비추인 나
보이지 않는 흐름 속
드러나는 구름의 정체성

하늘과 땅의 언어 전달하고 전달받는
오색 구름이
한결같은 하늘에
동그라미 네모 세모
틀에 박힌 회한에서 깨어난다

자유 벗삼은
구름 사이로
변화무쌍한 마음
가눌 길 없다

가슴 저미는 눈물의 무릎 꿇고
상처와 상처가 만나 각진 길 만든다는
산모롱이
고즈넉한 연보라 노을에 의지한다

걸어가는 마음
열 손가락 부여잡고
숨 고른다.

이슬꽃

쓸쓸함을 소문처럼 몰고 다니는
소슬바람이
어둠 안고 내려앉는
알 수 없는 그 자리

맑은 생각 하나
마음에 들어와
그네를 탄다

시간은 쌓여 가고
새벽 눈물 풀잎에 맺힐 무렵
가슴 밑바닥에 내려놓고 떠난다

살가운 어둠의 잔등에 올라앉아
별빛에 고개 숙인
밤에만 피어난
아무도 모르는 나만의 사랑꽃

어쩜 우린
마음은 닮아 있어도
이제 떠나야 하는 길 위에
누군가 물들이겠지.

구월의 환희

오락가락한 일기예보의 말투처럼
빗물이 흘러내린다
한 생 마무리하는 나뭇잎
초록 빗물에 잠겨 있다

낙하하는 숨결 다가와
아픔으로 녹아내린다

골 패인 웅덩이 틈으로
나뭇잎 어우러져
무슨 꿈 꿀까
내일 기다리는 걸까
빗속에 모습 접는다

폭삭 한 철이 저물면서 익어가야
긴 여정 끝내는
나뭇잎들의 이야기
가슴에서 움터 오른다.

가을에 만난 사랑

물빛 흩뿌려진 하늘
초가을 문턱에 걸터앉은 하얀 구름
붉은 해 감싸안으니
그때서야
꼬드기는 궁금과 심심한 안부로
낯 내미는 보름달

청렴한 박꽃
순수 보듬는 초가지붕 위
은근슬쩍 다가와
숨 몰아쉬는 입술에 내려앉는다

흙비 던져지는 아픔에
숙성된 언어들
알다가도 모를 마음속

숨어드는 내면 파고드는 갈등
고요를 접목시킬수록
소란하게 번지는 파장은 휘몰아치고
감정의 소용돌이 속
먼지가 되어서야 알겠니.

관심

살짝 스쳐 떠나는
바람이려니 했다
돌이킬 어제의 지점은 사라져서
그렇듯 다가와 머물다
바람처럼 가는 게지

시간이 쌓인다
익살스러운 한마디
눈길이 감싸 준다

보이지 않는 걸
바라보는 것
고요히 물들어 간다

저벅저벅 망상의 길목 배회하다
하루가 떠나는 그때
소환한다
추억하는 한 토막.

장맛비

서러운 물의 아가리로 포효하며
몸부림치는 비울음
산천초목 쓸어내리더니
지쳤나 보다

찰나에 얼굴 내민
여름 대지의 비울음
연신 뿜어 말린다

쪽빛 하늘 뭉게구름
시곗바늘 따라
시시때때로 구름 색깔
칠흑 드리우고

짐승처럼 예민해진 물의 몸으로
하늘 또다시
토해내는 비울음
그 아무도 달래질 못한다

너 나 우리들이 만든
비의 속사정
먼 훗날 누군가는 말하리.

노을 물든 독백

초록을 낳는 봄날의 목소리로
바람이 분다
시린 추억들
입가에 맺힐 때
우리 만날까요

이슬 닮은 그대
마음에서 깨어나

가슴 쥐어짜는 그리움으로
우리 만날까요

서정적 감흥이 속성으로 자라는
버드나무 아래
생각에 잠긴
그 간절한 바람끼리
우리 만날까요.

금붕어 동무 되어

누구 없소
어느 손에 버려졌나
무관심과 어긋난 시선 그 언저리의
물고기 세 마리

동그라미 물통 속
까만 금붕어 하룻밤 멀다 하며
떠날 때쯤
점박이 흰 금붕어
쭈욱 늘어진다

허망한 마음
동녘 해 불사른다

남겨진 한 마리
거치른 숨결
샘물에 안긴다

강의 기억으로 오후를 메꾸며
휘리릭 물살 가르는
하나의 존재
지느러미 리듬 타며
살랑 살랑 춤춘다.

무지개 마음 물들이고

장난꾸러기 걸어온다
콕콕 찌르며
순간을 수놓는다

반짝이는 정오의 곳간에서 흘러나온
주홍 햇살이
알 수 없는 시간 속에 녹아 내리고

열정이
얼음 눈길 불사른다

울고 있어
생각이 생각에 꼬리 물어
눈물 삼킨다

기도가
속마음
쓰다듬는다

희망의 방향에서 살갑게 길들여진
무지개 뜨는 내일
남빛 기다리는 꿈

소낙비가
일상을 접는다.

애호박

흙의 어깨 겯고 결속 다진
흙담 아래
흙내음에 취하고
코끝이 만개한다

풀잎에 이슬 머금은 틈새
초록 동그라미
보름달 닮았다

님 새끼손가락 걸고
깔깔 웃음 허공 가르며
달 바라본다

지금은 요만큼
내일은 알 수 없지
만삭의 달 유전자 물려받아
퉁실퉁실 부풀어오른 널
어찌할까.

보랏빛 사랑

노을 너머
어둑한 풍경 집어삼키면서
땅거미 내리는
마음에 비 내린다

빗줄기 서린
모순된 자아가
일렁인다

어긋난 판단
배려 없는 마음
이해하지 못한 부끄러움
낯 붉힌다

입술에 조롱과 비난의 활자들이 살아
혀끝에 노니는 언어
칼 되어 심장 찌르니

고통 안은 님
가슴 안에 사랑 불사른다

이 밤도
보랏빛에 물든 마음
곁에서 함께한다.

소녀처럼

붉은 발굽으로 발돋움한다는
노을 펼쳐지는
초여름 바닷가
진실의 나래 타고
비 뿌리는 날

조약돌 간지럽히는
빗방울 밀어
파도에게 떠민다

순백의 마음 밀물 되어
은빛 모래 손짓하는
가슴의 눈물

유년의 기억을 방목한다는
바람에 스치어
잠든 자아 깨어난다.

제4부

님 찾는 애끓은 숨소리 보듬고
눈 안 가득 글썽인다
촛불 되어 부르는 사랑아
한결같은 그 마음아

새들의 잔치

봄의 심장이 쿵쿵 뛰는
밭고랑에 남겨진 씨앗들
부채꼴 그리며 흩뿌려지고
해거름에 떠난 뒤

짹짹짹
사방에서 날갯짓 부벼 가며
배 불린 새들의 환호성

다정한 간격으로 공중의 걸음을 하는
빗줄기 타고
드문드문 상추 쑥갓 부추
빼꼼히 눈웃음 이슬에 젖는다.

언제쯤일까

공중의 추락을 아름답게 받아준
강가에서
물위에 떠 있는 하늘구름
눈빛이 아련하다

오물오물
물고기와 입맞춤
포물선 그리는 물결 메아리
멋진 파문에게
묻는다

사랑의 추 달아 보낼까
침묵 덮는 석양 너머
잡힐 듯 잡히지 않는
열정

덩그러니 풀섶에 앉는다
속성으로 달빛 재배해 출하하는
달밤이 감싸안으니
무언의 대화 끝나지 않는다.

치유

울컥임과 울음을 입양한다는
한마디 슬픔
조각조각 피어올라

시간의 흔적 너머
우울 쏟아지는 밤

영혼의 흐느낌
하늘에 닿는다

외발로 수척한 등뼈 곧추세운
돌담 씻기는 위안의 눈물
마음속 갈래길
쓸어내린다

달 모롱이
별빛에 안긴 여명
소롯이 다가온다.

소환

적막과 어둠의 우월함까지 지닌
하늘 고독에
잠긴다

너처럼 웃고 있는 흰구름
맑은 눈망울 그리움 가득

양갈래 땋은 머리
모롱이 돌아 흐느끼는 전율

잿빛 그늘에 옷깃 여민
제비꽃 향기

연두의 근육을 키운다는
봄비 되어
추억 속에 젖어든다.

내 마음

단풍의 생각 붉게 밀어올리는
변화무쌍한
장난꾸러기
소슬바람아

감성 건드리지 마라
오롯이
내면에 젖어들어
바라보게 해다오

너울 벗겨지고
싱그러운 풀꽃 사이로
혀끝 서늘한 가을을 수확한다는
풀벌레 노랫소리
하늘빛 물들게 해다오.

하루살이

밤과 고요와 어둠을 낳는다는
별들이 빛 감출 때
동녘 아래
무슨 일이 일어날까
스물네 시간 희로애락

정오를 머리에 이고 가는
낮달이 겨울눈처럼 희다
침묵은 흘러내리고
나풀나풀 하루살이 춤사위에
입술이 만개한다
꽃향기 어우러져
고즈넉한 석양에 안긴다.

고백

난해한 적막과 캄캄함도 해독한다는
밤하늘의 별빛 나에게 건넨다
보랏빛으로 물든 마음

아무도 몰래
자신과의 반란이 일렁인다

잠든 심령 깨우며 토닥토닥
깨달음과 울컥임에 협력하며
방울방울 맺힌 눈물의 의미

버리고 부수고 깨어져
아름다운 비움의 새 날아오른다.

순응하며

달달한 봄을 무단횡단하는
푸른빛 감도는 하늘바람에
열정 뽐내던 봄날
파르르 장밋빛 구름에 숨어든다

빼꼼히 내민 햇살 너머
웃음꽃 터뜨릴 때쯤
무채색 하늘 위 진회색 구름 찾아들어
울고 있는 너

상처의 안과 밖을 넘나드는
자유 향한 영혼의 몸부림
신비 속으로 찾아가는 일상들
가슴속에 머문 고통의 시간
아스라이 씻기어 가
일곱 빛깔 축복 실은 마음의 미소
훌씨 되어 퍼져 나간다.

님의 소리

허공의 목울대 쥐어짠다는
천둥소리에
심장 쓸어안을 때
파란 불꽃
하늘 반쪽 가르는 번개가
경이로움 자아낸다

장대비 사이 빗살
음율 되어
머릿결 간지럽힌다

또르르 굴러가는
빗방울들
가슴에서 연신 부서진다

시간의 흐름 속
빗소리 머문 대지
기지개 펴니 햇살이 삼킨다

여름의 슬하에서 힘 키우는
정열의 칠월에
왠지
가슴이 뜨겁다.

봄의 향연

하늘 보일 듯 보이지 않아
찬바람과 외로움으로 빚은
눈꽃 숨바꼭질하더니
겨울비 엉겨붙은 꽃눈이어라
시간 거슬러 연둣빛
조잘대는 나뭇가지
망울 망울 움터 오른 숨소리
추억 실어 와
꽃내음에 눈꺼풀 감긴다
한 생의 기다림이 낳은
또 하나의 계절
희망 솟구치는 온누리
붉은 해 산마루에
초생달 눈웃음
밀어의 밤이 흐른다.

회개하는 바람 앞에 서다

세상의 모든 귀가가 향한다는
서산 노을 속으로 해 떨어진다
속삭인다
흩뿌려진 삶 그려내며
감성 담아
표현의 자유 외친다

어떤 모습으로
포장되려나

시간과 하루와 계절을 낳는
초침 바늘 위 춤추는 행동들
눈빛이 엇갈린다
생채기 내는 갈래길 틈새
방황한다

먼지도 돌아가는 벌거숭이
봄비 속으로 하루를 접는다.

여정

심심하고 따분한 새의 울음도 없이
메마른 허공 건드리는 바람결
먼길 떠나는 나그네 찾아간다

배시시 쪼그리고 앉아
써 내려가는 글

고운 빛 구름
머리 위에 머문다
후두둑 소나기 영혼에 뿌린다

웅성이는 허공의 건반 두드리는
음악이 빗방울 친구 되어
내면 두드린다

무지갯빛 숨 쉬는 꿈 너머
이상의 나래 편다.

반딧불이 암자에 머물다

여름의 유쾌한 낮은 나날이 커져
칠월의 이글거리는 신작로 벗어나
황토 덧칠한 꼬부리 오솔길 발자욱 따라
연회색 구름 연신 바람 부른다

돌멩이들 비켜가며
아스라이 고독이 머문 청신암

해 지는 노을이
손짓하는 절벽 아래
우거진 풀숲 너머

어둠과 적막 흔들어 빛을 만든다는
반딧불이 속삭이는 별처럼
사방 비추는
여름밤 깊어간다.

사계

흰 장막으로 풍경 빨아들이는
물안개 피어오르면
햇살은 온누리
아지랭이 속삭인다
초록잎 폼내던 나날
숨바꼭질하는 널
볼 수 없었지

시간 거슬러 빼꼼히
갈색잎 하나
바스락 소리

허공 가득 날선 칼이 박힌
칼바람 손잡고
앙상한 빗살무늬
바라본다.

설경 속에 흐르는 우정

묵언으로 다가간 겨울의 색채 바른
파란 하늘 눈백림
순백 위로 음율의 환희

뭉게구름 닮은 눈꽃송이
앙상한 나뭇가지에 걸터앉아

눈보라에 던지는 붉은 화두가
보일 듯 보이지 않는
동백 꽃잎과
마주한다

틈새 파고드는
나자리노 영화음악이
가슴에 녹아내려
추억 너머 소환되는
시간 속으로 들어와
나를 덮는다.

어느 하루

알 수 없는 미지의 시간
한 모금의 물약이 잠을 제조한다는
수면 내시경이 빚어낸 오후
반나절이 더 지나갔건만
무의식에 스르르 감겨진 두 눈에
평화가 깃든다
얼마나 갔을까
쾅 소리에 그때서야 두 눈이 열린다
마무리 짓고선 초침이 지나간다
과다 복용한 잠을 해독한 후
들숨과 날숨이 함께하는
가슴 끝자락에 파란빛 감돈다.

회상

허공의 기슭에서 어둠의 살비늘 털며
어슴푸레 동쪽 하늘이 얼굴 내밀면
또 다시 한 걸음
낯선 풍경 눈동자에 담는다

물풀잎에 맺힌 보석
아침햇살에 찬란하여
바람이 은빛의 맑은 지문 만지며
환희의 여린 눈빛으로 훔친다

소스라치는 심장 바람이 보듬자
잠자던 영혼
들숨 날숨에 미소 짓는다.

낙엽

질척이는 어둠과 몸을 섞는 고요로
밤새 촉촉이 적신 대지
새벽 반달
찬바람 견디는 가을 끝자락에 서서
춤춘다

새파란 하늘 위
구름 물감 손에 쥐고
상념의 언어들이 하루를 덧칠한다

온통 붉어져 위험한 계절의 등 뒤에서
방황하는 마음 틈새로
경이로움 그려내며
침묵이 흘러내린다.

상념 속에서

산과 들에는 존댓말과 반말이 없어
독특한 색깔의 언어들
슬그머니 뒷짐지며
침묵 안고 떠나려는 길목 언저리

한나절
차창에 기댄 낯선 바람 한 줄기
외로운 사연 보듬고
가을 풀섶에 내려앉는다

10월의 노래인가
풀벌레 울음인가
시어 읊조리는 사색의 가을밤
푸른빛 구름에
숨어드는 생각들
빼꼼히 내민 달 건드리고

날마다 밤과 고요를 풀어놓는
하늘 우러르며
폭삭 늙어가는
작은 신음 속으로 하루가 숨어드는
이 대지 위에 평화가 내린다.

연인

해그림자 한 움큼씩 베어내는
가을바람
사방 휘젓는 그 시간
익살스런 허무이다

봄 여름이 떠나는 가을녘
볼 만지는 그 바람 사이로
겨울이 기다리고 있다
풀섶 간질이는 냇가
결 고운 억새
살랑살랑 목놓아 부른 이름
서러움 서린다

가까이 손 닿는 그곳
몽유의 그날을 열어젖힌 꽃시절이
구름처럼 피어오른 언덕배기
흥 돋으며 노니는 소슬바람의 속삭임
갈대의 그리움과 억새의 보고픔
옹알이하는 계절 뒤로
그 사랑 나를 맞이한다.

평설

이애순 시인의 첫 시집
출간을 축하하며

박 덕 은

(문학박사, 문학평론가)

평설

이애순 시인의 첫 시집 출간을 축하하며

박 덕 은 (문학박사, 문학평론가)

　이애순 시인은 광주광역시 동구 북동에서 태어났다. 독실한 신앙인으로, 주로 봉사활동을 하며 지낸다. 간혹 비가 내리고 화창한 날, 시를 쓴다. 그리하여 월간지《한맥문학》신인문학상 수상으로 문단데뷔를 하였다. 남양주 문학상 우수상, 삼행시 문학상 대상, 윤동주 별 문학상, 8·15 광복 문학상, 한국·쿠바수교기념초대 전시작가문학상, 파리올림픽개최기념초대 한·불 문학상, 산해정 치유문학상 등을 수상했다. 지금은 탐스런 문학회 회장, 한실문예창작 회원으로 활약하고 있다.
　한실문예창작 소속 탐스런 문학회에 나온 지 벌써 2년이 넘어섰다. 그동안 한결같이 시에 대한 사랑의 끈을 놓지 않고, 매주 1편씩 시 창작을 한 결과, 이제는 어엿한 시인이 되어, 이렇게 멋진 시집까지 펴내게 되었다.
　이애순 시인의 시 세계로 들어가 탐색해 보기로 하자.

　　살짝 스쳐 떠나는
　　바람이려니 했다

돌이킬 어제의 지점은 사라져서
그렇듯 다가와 머물다
바람처럼 가는 게지

시간이 쌓인다
익살스러운 한마디
눈길이 감싸 준다

보이지 않는 걸
바라보는 것
고요히 물들어 간다

저벅저벅 망상의 길목 배회하다
하루가 떠나는 그때
소환한다
추억하는 한 토막.

-「관심」전문

 이 시에서의 시적 화자는 관심에 대해 진지하게 생각한다. 관심의 사전적인 뜻은 '어떤 것에 마음이 끌려 신경을 쓰거나 주의를 기울임'이다. 다시 말해 어떤 것에 찍힌 마음의 발자국을 말한다. 심장에서 빠져나간 발자국이 님 앞에서 두리번거리고 있다면 그건 님을 향한 관심의 시작인 것이다. 관심이 없다면 님 앞에서의 서성거림은 아무 의미가 없다. 애써 몸 밖으로 흘러나간 눈빛이 님의 언저리를 돌면서 배회한다면 님을 향한 관심이 지극한 것이다. 님과 함께 있지 않았는데도 함께 있는 듯 초조한 자신의 숨소리가 느껴진다면 님을 향한 관심이 극대화된 것이다. 이런 아름다운 관심을 시적 화자는 처음에는 깨닫지 못했다. 이 모든 관심이 "살짝 스쳐 떠나는/ 바람이려니 했"다. 하지만 시간이 흐른 어느 날, "저벅저벅 망상의 길목 배회하다/ 하루가 떠나는 그때"서야 어떤 추억을 소환한다. "추억하는 한 토막"이 님을 향한 그리움인지, 젊은 날에 불타올랐던 열정인지, 어떤 아쉬움인지는 알 수 없다. 다만 중요한 것은 바람처럼 사라지지 않고 마음의 발자국을 다시 찍고 있다는 것이다. 관심의 끈을 놓치 않고 있다는 것이다.

처음 시적 화자는 잠시 머물다 바람처럼 가는 게 인생이라며 관심 가질 필요가 없다 여겼다. 하지만, 시간이 쌓이고, 눈길이 감싸 주고, 고요히 물들어 가다 보면, 관심 갖지 않을 수 없다. 하루가 망상의 길목 배회하다 떠나는 그때, 추억의 한 토막을 소환해서 들여다보니, 이제서야 관심의 세계를 좀 알 것 같다. 슬쩍 스쳐지나가는 인연일지라도, 잠시 머물러 있을 때, 그 순간 그 순간 최선을 다하는 마음가짐, 최선을 다하는 관심, 최선을 다하는 정성, 이게 삶의 보람, 삶의 꽃은 아닐까, 그런 생각을 하게 하는 시, 그래서 더욱 마음이 간다.

초록을 낳는 봄날의 목소리로
바람이 분다
시린 추억들
입가에 맺힐 때
우리 만날까요

이슬 닮은 그대
마음에서 깨어나

가슴 쥐어짜는 그리움으로
우리 만날까요

서정적 감흥이 속성으로 자라는
버드나무 아래
생각에 잠긴
그 간절한 바람끼리
우리 만날까요.

- 「노을 물든 독백」 전문

　이 시에서의 시적 화자는 뭔가 아쉬운 듯 "우리 만날까요"라고 외치고 있다. 시적 화자에게 어떤 설렘이 다가온 것일까. 덩달아 마음의 떨림이 번져 온다. 금방이라도 보고 싶다는 말이 망설임 끝에 몸 밖으로 뛰쳐나가 님에게로 달려나갈 기세다. 님의 심장에 꽃피는 모든 그리움을 바치고 올 기세다. 그만큼 설렘은 강력한 사랑으로 읽혀진다. 이 시는 마지막 연까지 모두 설렘의 파문이 몸 가장자리까지 퍼져나가 님에 대한 생각으로 가득차 있다. 그런데 안타깝게도 시제가 "노을 물든 독백"이다. 나 혼자만의 웅얼거림이다. 어떤 설렘도 아직은 몸 밖으로 빠져나가지 않았다. 가만 가만 마음을 기울이면 당신의 귓속에도 내가 있는 것 같고, 당신의 눈 속에도 내가 있는 것 같은데 확신할 수는 없다. 그러니 일단 독백일지언정 과감

하게 내보내야 한다.

　초록을 낳는 봄날의 목소리로 바람이 불 때, 시린 추억들 입가에 맺힐 때, 우리 만날까요. 이슬 닮은 그대가 마음에서 깨어나 가슴 쥐어짤 때, 그리움으로 우리 만날까요. 서정적 감흥이 속성으로 자라는 버드나무 아래서, 생각에 잠긴 그 간절한 바람끼리 우리 만날까요. 독백으로 그쳤지만 그래도 괜찮다. 자신의 그리움을 알았으니 내일은 한 발 더 나아갈 수 있다.

　무디어진 감성, 세월의 때가 끼어 가는 감성, 고운 빛이 사라지고 빛바래 어두워지는 감성, 돌아보지 않아 눅눅해진 감성, 늘 외면당하여 쓸쓸해진 감성을 일깨워, 다시 생동하는 감성, 설렘 가득한 감성, 간절함이 살아 있는 감성끼리 만날까요. 우리 그러면 안 될까요. 자꾸 묻는 시적 화자가 왠지 고맙기까지 하다.

　　　쓸쓸함을 소문처럼 몰고 다니는
　　　소슬바람이
　　　어둠 안고 내려앉는
　　　알 수 없는 그 자리

　　　맑은 생각 하나
　　　마음에 들어와
　　　그네를 탄다

　　　시간은 쌓여 가고
　　　새벽 눈물 풀잎에 맺힐 무렵
　　　가슴 밑바닥에 내려놓고 떠난다

살가운 어둠의 잔등에 올라앉아
　　별빛에 고개 숙인
　　밤에만 피어난
　　아무도 모르는 나만의 사랑꽃

　　어쩜 우린
　　마음은 닮아 있어도
　　이제 떠나야 하는 길 위에
　　누군가 물들이겠지.
　　　　　　　　　　－「이슬꽃」 전문

　이 시에서의 시적 화자는 이슬꽃을 눈여겨 보고 있다. 이슬에 젖은 새벽의 지문을 만지고 있으면, 어린 시절이 두터운 시간의 옷을 벗고 들어설 것만 같다. "맑은 생각 하나/ 마음에 들어와/ 그네를 탄"다. 맑은 생각이 어린 시절의 추억인지 꿈인지 해독할 수 없는 어떤 그리움인지는 알 수 없지만, 그 생각을 하면 맑아지는 건 분명하다. 그 생각이 그네를 타고 있으니 평온하고 행복하다. 어둠은 거대한 적막으로 밀려들고 있지만 맑은 생각 속에서 그네를 타고 있어 괜찮다. 그 그네 속에서 밝은 안부를 묻기도 하고 짙어가는 생의 어지럼증을 치유하기도 했을 것이다. 이제 이슬은 "별빛에 고개 숙인/ 밤에만 피어난/ 아무도 모르는 나만의 사랑꽃"이 된 것이다. 찬바람이 불어오지만 나만의 사랑꽃이 피어나기에 괜찮다. 지난날의 아픔과 버거움을 이겨내고 내일로 나아갈 수 있는 힘은 "나만의 사랑꽃"이 있었기 때문이다.

  쓸쓸함을 소문처럼 몰고 다니는 소슬바람이 어둠 안고 내려앉은 자리에 이슬이 맺힌다. 맑은 생각 하나 마음에 들어오더니, 이슬 되어 그네를 탈 무렵, 시간은 쌓여 가고 새벽 눈물이 풀잎에 맺힌다. 그것은 가슴 밑바닥으로 내려온다. 밤에만 피어나는 사랑꽃, 아무도 모르고 시적 화자만이 알고 있는 꽃이다. 그 사랑꽃과 시적 화자의 마음은 서로 닮아 있다. 시의 섬세한 감성 속으로 이끌고 가는 솜씨가 아주 좋다. 시가 이처럼 무수한 감성의 세계로 안내해 주고, 그 세계를 보여주고, 그래서 감성의 폭, 이해의 폭, 시야의 폭을 넓혀줄 수 있다면, 시의 특질과 시의 임무는 완수되었다고 해도 될 것 같다.

    궁핍한 마음의 대물림은 날마다 계속되기에
    지친 영혼이 쉬어 가는 이곳
    흩뿌려진 햇빛 찬란한데
    사연 품은 저 자갈들 어루만지는
    개울 소리
    옛 그대로이다

    가을볕을 꼬들꼬들 말리는 소슬바람
    이파리에 낮잠 즐기다
    흔적 없이
    이 마음 거슬러
    들락날락 넘나들며
    읊조리는 음절
    우울함인가

보고픔인가

울음이 제 몸을 내던지며
한 겹 한 겹 쌓여지는
연민
저 붉은 노을 속에서
파닥거리고 있다.

　　　　　－「그리움은 또 오고」 전문

　이 시에서의 시적 화자는 그리움이 꿈틀거리는 내면을 탐구하고 있다. 먹고 사는 일이 해결된다고 해서 그리움이 해결되는 것은 아니다. 오히려 자본주의 세상에서 살아가야 하는 우리는 마음의 허기가 더 크다. 스스로 신이 되어 버린 자본 앞에서 우리는 더 갖고 싶은 자본의 욕망을 떨치기 어렵다. 그 욕망 때문에 그리움은 늘 뒷자리로 밀려난다. 어제보다 오늘 더 갖기 위해, 남보다 뒤쳐지지 않기 위해 우리는 자본의 욕망에 얽매여 있다. 그 욕망 때문에 "궁핍한 마음의 대물림은 날마다 계속되기에/ 지친 영혼이 쉬어" 갈 수 있는 곳이 필요하다. 시적 화자는 그곳이 바로 그리움이라고 말하고 있다. 맞다. 그리움 속에서 쉼을 얻고 마음의 위로를 받아야 한다. 우리는 그 그리움의 힘으로 다시 일어나 내일을 살아간다.
　지친 영혼이 쉬어 가는 곳, 햇빛이 찬란하고 개울 소리 옛 그대로 싱그럽게 흐르고 있는 그곳이 그리움의 주소지다. 가을볕 꼬들꼬들 말리는 소슬바람 아래 읊조리는 건 우울함인가 보고픔인가. 연민은 한 겹 한 겹 쌓아지는데,

저 멀리 붉은 노을은 파닥거리고 있다. 이미지 구현의 정수를 보여 주고 있다. 보고파 하는 마음, 외로운 마음, 울음 섞인 연민 등이 그림 같이 그려지는 정경과 함께 독자들에게 감정의 파노라마를 안겨 주고 있다. 이처럼 다채로운 감성을 발굴해 보여 주는 작업, 이는 시의 특질 중 아주 중요한 것이 되고 있다.

언제나 그렇듯
하루가 다정스레 손잡고 길 떠나는
밤 나그네 배웅한다

자정과 적막이 체온이 내려가는
초여름 찬 기운이
스멀스멀 마음속
수다떤다

바라보는 눈빛이 애잔하다
꽉 찬 생각들 어찌할 바 몰라
시시때때로 쏘아댄다

우울과 눈물의 비망록 속에서도
지긋이 내리감고 침묵하는 이
조그만 상처
부풀리며 떠벌리는 이
지난날의 잘못
곱씹는 이
모두 이런저런 내면 속
불안 안고 살아간다.

- 「마음이 좀 그래」 전문

　이 시에서의 시적 화자는 나그네를 떠나보내는 심경을 토로하고 있다. 나그네는 실제 인물이 아니라 상징이다. 서러움일 수도 있고 절망일 수도 있고 아쉬움일 수도 있다. 그 모든 것을 나그네라고 말하고 있다. 나그네의 사전적인 뜻은 '자기 고장을 떠나 다른 곳에 임시로 머무르고 있거나 여행 중에 있는 사람'이다. 시적 화자가 왜 '나그네'라고 했는지 알 것 같다. 우리에게 다가온 부정적인 감정들을 나그네처럼 가볍게 맞이하고 배웅하고 싶다는 의도일 것이다. 부정적인 감정에 발목 잡히지 말고, 그 늪에 빠져 허우적거리지 말고, 가볍게 나그네를 배웅하듯 떠나보낼 수 있다면 얼마나 좋을까. 부정적인 감정들이 마음의 집에서 영구히 입주하지 않도록 나그네로 대하며 배웅해야 한다.

　시적 화자는 길 떠나는 밤 나그네를 배웅한다. 초여름 찬 기운이 마음속으로 스멀스멀 스며들어 수다떨고 있다. 바라보는 눈빛이 애잔하고, 꽉 찬 생각들은 어찌할 바를 모르다가, 이따금 힐끗 쏘아댄다. 우울과 눈물의 비망록 속에서 여러 불안이 도사리고 있다. 침묵할 것인지, 상처 부풀리며 떠벌릴 것인지, 잘잘못을 곱씹을 것인지 고민에 빠져 있다. "모두 이런저런 내면 속/ 불안 안고 살아간다"며 현대인의 마음을 에둘러 말하고 있다. 상처가 깊어 마음이 안정되지 않을 때는 익숙한 풍경도 폭력적으로 다가올 때가 있다. 자신의 상처를 치유하기 위해서라도 스스

로에게 다가오는 부정적인 감정들을 나그네처럼 배웅해야 한다. 여기서도 섬세한 감성의 세계가 포착되고 있다. 그 세계가 선명한 이미지로 구현되고 있어 눈길을 끈다.

적막이 서둘러 발을 들여놓는
고즈넉한 밤
봄바람이 어둠 뚫고
햇귀 맞이한다

잠시 기억 속 생각들
빛살 사이로
들쑥 날쑥 헤집으며
떠나려 한다

상실을 버티며
꼬깃꼬깃 구겨놓은 아픔의 틈에서
짓눌리던 감성도
아파 슬프게 울며
마음까지 찢어놓고
비틀거리며 따라나선다

그때 기다렸다는 듯
손짓하는 이별도
추억에 묻힌 밀어도
한켠에 고이 정 접어 둔 채
따라나선다.
　　　　　　　-「잊어버릴 수 있을까」 전문

이 시에서의 시적 화자는 적막 깔린 고즈넉한 밤에 생각에 잠긴다. 「잊어버릴 수 있을까」라는 시제에서 시적 화자의 아픔이 느껴진다. 잊고 싶지만 잊지 못하고 있는 것이다. 무엇 때문에 이별을 했는지, 어떤 아픔이 있었는지는 알 수 없지만 자꾸만 그 시절에 머물러 있다. 이별의 상처가 클수록 "추억에 묻힌 밀어"는 달달했을 것이다. "상실을 버티며/ 꼬깃꼬깃 구겨놓은 아픔의 틈에서/ 짓눌리던 감성"이 아직도 시적 화자를 아프게 하고 있다. 그 감성에서 벗어나고 싶은데 말처럼 쉽지 않다. 이별의 아픔은 제 몸을 돌보지 않고 막무가내로 내일을 향해 달려나가기에, 우리는 그 상처를 제대로 응시하지도 못하고 있다. 이별로 인해 어떤 자상을 입었는지, 어디를 다쳤는지 알지 못하기에 상처에서 벗어나기도 어렵다.

고즈넉한 밤이 지나고 봄바람이 불어와 햇귀를 맞이하고 있다. 그때 추억은 빛살 사이로 헤집으며 떠나려 한다. 구겨진 아픔에 짓눌려 있던 감성도 슬프게 운다. 울다가 마음까지 찢어놓고 비틀거리며 떠난다. 그때 손짓하던 이별도 밀어도 한켠에 정 접어 둔 채 따라나선다. 감성들 중 몇 개를 골라, 이미지로 바꿔 배치하는 솜씨가 세련되어 있다. 시가 나아가야 할 방향을 잘 잡고 있는 듯하다. 시는 주제 노출을 극도로 꺼려 한다. 주제의 의미와 방향은 제시하되, 에둘러 가야 한다. 이미지로 길을 만들고 방향을 제시하고 깃발을 세워야 한다. 그 이미지 속에 저절로 주제와 의미와 철학이 드러나도록 해야 시다운 시가 된다. 그 모범 사례를 제시해 주는 것 같은 시라서, 더욱 마음이 행복하다.

    늦가을이 뒷짐지고
    어슬렁어슬렁 빠져나가는
    십일월 해 질 무렵
    찬비가 바람 타고
    가슴에 파고든다

    계절의 무심함이
    한 획 긋는 하루
    햇살이 따스하다

    여름과 초록의 수다가 지워져
    빛바랜 떡갈나무
    시간에 의지한 채
    구절초 바라보는
    눈빛이 아련하다

    빗방울 듣는 소리에
    숨소리 내보내며
    어둠이 짙어 간다.

                      -「그리움」전문

  이 시에서의 시적 화자는 그리움에 젖어 있다. 낙엽을 비롯한 십일월의 걸음은 낮은 곳으로 향한다. 제 빛깔이 태어났던 곳으로 가고 싶은 것일까. 그 말없는 그리움이 십일월을 채색하고 있다. 가을은 이울 대로 이울어 앙상한 뼈마디 드러내고 있다. 한때 뼈와 살을 채우며 초록으로 웃었던 날도 있었다. 초록의 날들이 사라지고 없지만 "계절의 무심함이/ 한 획 긋는 하루/ 햇살이 따스하"다. 그리움을 대하는 시적 화자의 자세를 어렴풋이 짐작할 수 있는 대목이다. 하지만 늘 그리움이 따스할 수만은 없다. 어떤 날은 "빛바랜 떡갈나무/ 시간에 의지한 채/ 구절초 바라보는/ 눈빛이 아련하"다. 그리움은 하나의 빛깔로만 존재하지 않는다. 태풍처럼 몰아치다가도 가뭄처럼 바짝 말라버리기도 하고 애잔하게 다가오기도 한다.

시적 화자는 그리움에는 직접 손대지 않고, 주위 정경을 스케치해 나간다. 늦가을이 뒷짐지고 어슬렁어슬렁 지나간다. 찬비는 바람 타고 가슴에 파고든다. 계절의 무심함이 하루의 한 획을 긋는다. 햇살은 따스하다. 여름과 초록의 수다는 지워지고, 빛바랜 떡갈나무가 구절초를 바라보고 있다. 그 눈빛이 아련하다. 빗방울 소리 속으로 어둠이 짙어가고 있다. 이 시 역시 이미지 구현의 진수를 보여준다. 이미지를 그려놓고, 그 그릇 안에 그리움의 감성이 고이도록 유도하고 있다. 그리움을 손대지 않고도, 독자로 하여금 그리움의 감성을 짙게 느낄 수 있게 한다면, 그게 바로 시의 특질로 가는 길인 것이다.

　　입김의 시간이 다정하고 따스한
　　12월이 떠나간다
　　위로의 바람 지금 어디에

　　해조차 숨어 버린 시간 너머
　　비구름 스며드는 가슴에

그리움 솟구친다

님 오지 않고
무심한 겨울비 속으로
안타까움만 일렁일렁

구슬픈 노랫가락 되어
연신 토해내는
마음 빈 곳

적막에 꿰인 겨울을 방목하는
외로운 바람
눈구름 건드리며
길 떠난다.

-「기다리며」전문

  이 시에서의 시적 화자는 오지 않는 님을 그리며 시를 쓰고 있다. 시적 화자의 기다림이 막막하게 느껴진다. 기다림이 키운 가혹한 쓸쓸함이 손에 잡히는 듯하다. "무심한 겨울비 속으로/ 안타까움만 일렁일렁"과 "구슬픈 노랫가락 되어/ 연신 토해내는/ 마음 빈 곳"과 "외로운 바람/ 눈구름 건드리며/ 길 떠난다"에서 쓸쓸함이 읽혀진다. 특히 "마음 빈 곳"이 더 아리게 한다. 그 빈 곳은 님이 없는 곳이지만, 아직도 아니 앞으로도 님을 기다리는 자리인 것이다. 님은 없는데 님을 향한 기다림으로 그 빈 곳을 채운다니, 안타깝다. 어떤 면에서 우리는 이별 후에 사랑의 가치를 깨닫고 그 소중함을 깨우치는지도 모른다. 이별의 시간이 길수록 그만큼 기다림의 시간은 깊어져간다. 기다림의 언저리에서 하루를 살고 한 계절을 살고 그렇게 세월을 견디고 있는지도 모른다. 그럼에도 기다림을 멈출 수가 없다.

  12월이 떠나가고 있다. 위로의 바람은 그 어디에도 없다. 해조차 숨어 버리고 비구름뿐, 쓸쓸한 가슴에 솟구치는 그리움뿐. 무심한 겨울비 속으로 안타까움만 일렁일 뿐. 마음 빈 곳에는 구슬픈 노랫가락이 흐르고, 적막에 꿰인 겨울을 방목하는 외로운 바람뿐. 그것마저 눈구름 건드리며 길 떠나고 있다. 사물을 해석하는 새로운 시야가 눈길을 끈다. 낯설게 하기, 즉 새로운 해석은 시에서 감초 역할을 한다. 시가 신선해 보이게 하는 낯설게 하기, 이 시에서 빛을 발하고 있다.

    잎의 무게를 빼 체중이 가벼워져
    우뚝 늘어선 은행나무
    동그란 길섶에 안긴
    손바닥 정원

    강아지풀꽃
    다소곳이
    꼬리 곧추세운다

    시린 바람에
    쓸쓸히 춤추는
    은행잎 노랑나비 되어
    펼치는 황금빛 향연

오르락 내리락
포물선 그리며
사뿐히 풀섶에 안기는
추억

바닥의 체온 올려 주기 위해
길 위에 겹겹 구르며
쌓여 간다
시간이 흐르고
바람 타는 겨울밤 익어 간다.

- 「12월 춤사위」 전문

 이 시에서의 시적 화자는 초겨울의 은행나무를 관찰하고 있다. 은행나무에서 떨어지는 은행잎을 노랑나비로 해석하고 있다. 동화적인 해석이 아름답다. 그 순수한 해석이 있기에 "황금빛 향연"으로 이어진 것이다. 세상은 어떤 관점에서 바라보느냐에 따라 즐겁기도 하고 슬프기도 하다. 나이가 들어갈수록 동심의 세계를, 동화적인 관점을, 몽상가의 시야를 갖지 못한다고 한다. 그래서 우리는 더 순수해지도록 노력해야 한다. 은행잎을 노랑나비로 해석하는 그런 노력들이 필요하다. 시가 그 새로운 관점의 문을 열 수 있게 다리 역할을 해주어야 한다.
 잎의 무게를 빼 체중이 가벼워진 은행나무, 손바닥 정원에 서 있다. 그 아래 강아지풀꽃이 꼬리 곧추세우고 있다. 시린 바람에 쓸쓸히 춤추는 은행잎들, 이들이 펼치는 황금빛 향연이 아름답다. 오르락 내리락 포물선 그리며 풀섶에 안기는 모습에서 시적 화자는 어떤 추억 속으로 빠져든다. 아마 노랑나비처럼 동화적이고 순수했던 어느 시절을 추억하고 있었을 것이다. 길 위에 겹겹 구르며 쌓여가는 모습, 그 뒤로 시간이 점차 흐르고, 바람 타는 겨울밤이 익어 가고 있다. 시적 표현, 시적 형상화가 왜 아름다운지, 모범 사례를 보고 있는 듯하여, 기분이 상쾌하다. 좋은 시를 대할 때, 다가오는 행복한 감성, 이게 이 땅에 시를 있게 하고, 시를 사랑하게 하는 요인이 아닐까.

꼼지락꼼지락 햇살 뭉쳐 올려놓는
두 개의 손가락 사이사이
엉덩이에 승리의 꽃 수놓는다

무지개 피어오른 두 살배기
뒷짐지는 손바닥 경이롭다

빼꼼히 뒤꿈치 들며
한 발 한 발 내디디는 새끼발가락
용기 기특하다

삐죽삐죽 솟구친 까망 머리카락
세어 보는 구월의 바람
하늘로 솟아 치켜 세운 머릿결
리듬 타며 메아리 되어
장난기 걸어 올린다

힘 솟는
저 희망찬 한 발 한 발

불안한 세상의 종종걸음 떠받치기 위해
위대함으로 우뚝 선다.
- 「외손녀 은율이」 전문

　이 시에서의 시적 화자는 외손녀의 모습을 행복한 시선으로 지켜보고 있다. 부모는 자식을 잘 키워야 한다는 부담감이 뒤따르지만 할머니는 그렇지 않다. 부담감이 없기 때문에 손주가 그리도 이쁘다고 한다. 꼼지락거리는 손가락 위로 햇살이 내려와 앉고 달빛이 내려와 몸을 푸는 것도 이쁘게 보인다. 아니, 감탄을 한다. 삶의 축복이 여기서부터 시작되었다며 환호성을 지른다. "무지개 피어오른 두 살배기/ 뒷짐지는 손바닥 경이롭다"와 "한 발 한 발 내디디는 새끼발가락/ 용기 기특하다"에서 손녀를 바라보는 외할머니의 마음을 알 수 있다. "삐죽삐죽 솟구친 까망 머리카락/ 세어 보는 구월의 바람"이라는 표현이 재밌다. 손녀에 대한 사랑과 손녀의 귀여움이 엿보인다. 손녀에 대한 사랑은 "힘 솟는/ 저 희망찬 한 발 한 발/ 불안한 세상의 종종걸음 떠받치기 위해/ 위대함으로 우뚝" 서기를 바라는 소망으로 이어지고 있다.
　햇살 뭉쳐 올려놓은 두 개의 손가락, 그게 엉덩이에 승리의 꽃 수놓고 있다. 두 살배기 손녀의 뒷짐지는 손바닥, 빼꼼히 뒤꿈치 들고 한 발 한 발 내디디는 발가락, 솟구친 까망 머리카락, 메아리 되어 장난기 걸어 올리는 머릿결, 희망찬 발걸음 한 발 한 발, 불안한 세상의 종종걸음을 떠받치기 위해 위대함으로 우뚝 선 듯한 손녀의 걸음걸이.

표현 하나 하나가 시적이다. 시적 형상화가 아름답다. 손녀에 대한 관찰이 예술의 꽃으로 피어나고 있다. 시의 감칠맛이 살아 있어 행복하다.

>흙의 어깨 걸고 결속 다진
>흙담 아래
>흙내음에 취하고
>코끝이 만개한다
>
>풀잎에 이슬 머금은 틈새
>초록 동그라미
>보름달 닮았다
>
>님 새끼손가락 걸고
>깔깔 웃음 허공 가르며
>달 바라본다
>
>지금은 요만큼
>내일은 알 수 없지
>만삭의 달 유전자 물려받아
>퉁실퉁실 부풀어오른 널
>어찌할까.
>
>- 「애호박」 전문

이 시에서의 시적 화자는 애호박에 눈길을 주며 생각에 잠겨 있다. 애호박은 초록의 몸으로 해와 달을 섬기며 봄을 낳고 여름을 낳고 있다. "만삭의 달 유전자 물려받아"서인지 "초록 동그라미/ 보름달 닮았"다. 그래서인지 애호박이든 늙은 호박이든 풍요로운 느낌으로 다가온다. 주방에서도 호박 하나만 있으면 찌개든 볶음이든 조림이든 어떤 요리도 가능하다. 넉넉한 보름달처럼 말이다. 그 느낌은 "님 새끼손가락 걸고/ 깔깔 웃음 허공 가르며/ 달 바라"보는 것으로 연결되어 있다.

흙의 어깨 겯고 결속 다친 흙담 아래 흙내음에 취하고 코끝이 만개한 애호박. "코끝이 만개"에서 유머가 느껴진다. 코끝이 만개했기에 초록의 몸으로 둥글어졌을 것이다. 풀잎에 이슬 머금은 틈새 초록 동그라미 닮은 애호박, 님의 새끼손가락 걸고 깔깔깔 웃음 지을 때 바라본 달 같은 애호박, 만삭의 달 유전자 물려받아 통실통실 부풀어오른 애호박, 표현이 싱그럽다. 애호박 하나에 쏠리는 시적 화자의 아름다운 눈길과 해석, 그게 신비롭다. 인간의 감성을 부드럽게 곱게 우아하게 이끄는 시의 특질이 여기서도 반짝이고 있다. 시가 있는 한, 인류의 방향, 인간의 심성이 고운 쪽으로, 순수 쪽으로, 미적 가치 쪽으로 기울 거라는 확신이 든다.

> 알 수 없는 미지의 시간
> 한 모금의 물약이 잠을 제조한다는
> 수면 내시경이 빚어낸 오후
> 반나절이 더 지나갔건만
> 무의식에 스르르 감겨진 두 눈에
> 평화가 깃든다
> 얼마나 갔을까
> 꽝 소리에 그때서야 두 눈이 열린다

마무리 짓고선 초침이 지나간다
과다 복용한 잠을 해독한 후
들숨과 날숨이 함께하는
가슴 끝자락에 파란빛 감돈다.

- 「어느 하루」 전문

 이 시에서의 시적 화자는 어느 하루 나른한 한때를 묘사하고 있다. 나이가 들면 최소 2년에 한 번씩 건강검진을 받는다. 일반으로 내시경을 하면 오롯이 불편함을 느껴야 하지만 수면 내시경으로 검사를 받으면 잠깐의 잠에 빠지기만 하면 된다. 그 잠깐의 잠을 "무의식에 스르르 감겨진 두 눈에/ 평화가 깃든"다고 말하고 있다. 깊은 잠에 빠져들었다 보다. 처음에는 "알 수 없는 미지의 시간"처럼 불안했는데 오히려 평화가 깃든 것처럼 느껴졌다니 다행이다. 수면 마취가 잠의 씨앗을 시적 화자의 몸에 뿌리내리도록 안전하게 잘했는가 보다.
 시적 화자는 수면 내시경을 받은 후, 반나절 내내 스르르 감겨진 두 눈에 평화가 깃든다. 어느 순간 두 눈이 열리고, 초침 소리가 들린다. 과다 복용한 잠을 해독한 후, 정상적인 숨을 내쉰다. 그때서야 가슴 끝자락에 파란빛이 감돈다. 시적 화자는 아마 어떤 검사를 받기 위해 수면 내시경을 하러, 잠시 마취의 시간을 가진 듯하다. 잠들어 있다가, 무의식에서 깨어나 눈을 뜨는 순간까지 시적 형상화해 놓고 있다. 이미지 구현으로 배치된 시의 세계가 한 폭의 그림으로 자리하고 있다. 그 어떤 순간도 인간의 감성 속으로 들어가, 그림처럼 시적 형상화해 놓을 수 있다면, 독자들은 보물찾기하듯 시를 즐길 수 있을 것이다. 부디, 시 속에 담긴 다채로운 감성들을 만난 독자들이 보다 긍정적이고 보다 순수하고 보다 아름다운 심성으로 무장하길 기도해 본다.

　지금까지 살펴본 이애순의 시 세계는 시의 특질을 두루 구비하면서, 시적 형상화해 놓고 있다. 무엇보다도 이미지의 구현을 밑바탕으로 깔고 있다. 어느 한 시에서만 아니라, 모든 시 곳곳에 이미지를 배치해놓고, 그게 입체감을 이루어 멋스런 이미저리를 구축하고 있다. 이처럼 시는 주제 노출이 아니라, 이미지라는 그릇에 시의 의미를 담아내는 게 좋은 시로 가는 지름길이다. 주제를 건드리지 말고, 에둘러 표현하되 이미지 구현, 미적 가치의 그릇에 담아 표현할 때, 시적 형상화 점수가 높게 된다. 이와 더불어, 낯설게 하기, 즉 새로운 해석을 내놓고 있어, 이애순 시들은 싱그럽다. 새로운 해석이 없으면, 시는 밋밋해지고 기시감이 들고 싱싱한 맛이 없다. 시를 읽고 싶게 만드는 오솔길, 그게 바로 낯설게 하기이다. 특히 유럽의 시에서 강조되고 있는 이 낯설게 하기는 우리 현대시에서도 이제는 자리잡고, 많은 독자들의 시선을 끌어당기고 있다. 뿐만 아니라, 이애순의 시에서는 감성의 다채로운 세계가 시마다 소개되고 있다. 여러 각도에서 바라보는 감성의 세계, 그게 손바닥 위에 올려져 친근하게 관찰할 수 있도록 배치해 놓아, 독자들을 행복하게 해주고 있다.
　앞으로도, 꾸준히 시 창작 활동을 하여, 제2, 제3시집, 나아가 시선집으로 결실을 맺기를 바란다. 일상생활, 신앙생활 등도 성실히 꾸려나가면서, 틈틈이 시 창작을 하는 여생을 통해, 후회 없는 알찬 삶이라는 열매를 거둬 가길 바란다. 늘 성실하게 문학반에 개근하다시피 나와 시 창작 열정을 쏟아준 그 모습이 오늘따라 더욱 멋져 보인다.

- 제법 쌀쌀한 바람이 방안에 들어와 너울거리는 정오에
한실문예창작 지도 교수 박덕은
(문학박사, 전 전남대학교 교수, 문학평론가,
시인, 소설가, 동화작가, 화가,
대한시협 부회장, 노벨재단 이사장, 박덕은 미술관 관장)